MEIN
KLEINES

Schutzengelchen

BOTSCHAFTEN FÜR JEDEN TAG

Ich passe auf
dich auf!

Schutzengel

KÖNNEN IN VIELEN GESTALTEN AUFTRETEN:

ZUM BEISPIEL ALS *Menschen*,
DIE DIR ETWAS GUTES TUN, ALS *Freunde*,
DIE DIR IN SCHWEREN ZEITEN ZUR SEITE
STEHEN, ODER ALS *unsichtbare Begleiter*
DURCH DEIN LEBEN.

DOCH EINS HABEN SIE ALLE GEMEINSAM:
SIE SIND IMMER FÜR DICH
DA UND GEBEN AUF DICH ACHT.

ES IST GUT, AN
SCHUTZENGEL ZU GLAUBEN.
LASSEN WIR DIE ENGEL
IN UNSER Herz.
ELLA DUMONT

JEDEM STEHT EIN

Engel

ZUR SEITE.

BASILIUS DER GROSSE

DEIN ENGEL MÖGE DICH DORTHIN
FÜHREN, WO DU DICH VERSTANDEN
WEISST UND DEIN HERZ SICH
zu Hause fühlt.
IRMGARD ERATH

Zuhause IST
MAN, WO DAS
HERZ OHNE SCHEU
LACHEN UND IN
RUHE SEINE TRÄNEN
TROCKNEN
LASSEN KANN.

UNBEKANNT

IM TRUBEL DES TAGES
LEICHTIGKEIT FINDEN,
DAS IST

Glück.

ANGELIKA EMMERT

JEDEN TAG WIRBELT
DIR DER WIND EIN
KÖRNCHEN
Freude AUF.
SIEH GUT HIN,
DAMIT DU ES FÄNGST.

UNBEKANNT

AB UND ZU SOLLTEN WIR AUF UNSERER JAGD NACH DEM GLÜCK INNEHALTEN UND EINFACH MAL NUR *glücklich* SEIN.

UNBEKANNT

DEIN SCHUTZENGEL
HILFT DIR DABEI, DIE
SCHÖNHEIT DES
Moments
ZU ERKENNEN.

AUCH WENN ES NICHT IMMER SO SCHEINT, ES IST JEMAND DA, DER *auf dich achtgibt.*

DEIN

Schutzengel

KANN PLÖTZLICH NEBEN
DIR STEHEN. GERADE DANN,
WENN ER AM MEISTEN
GEBRAUCHT WIRD.

MARGIT HOFFMANN

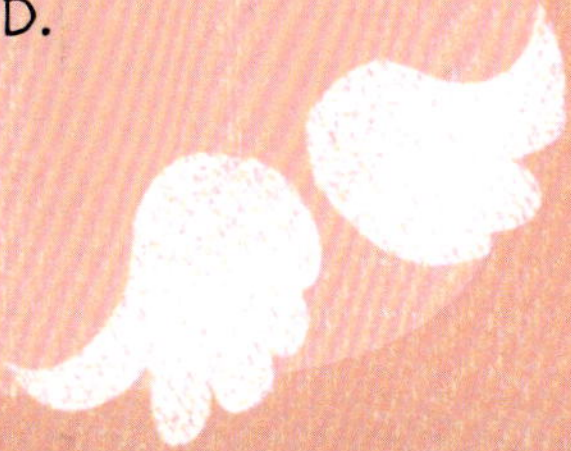

WER FLIEGEN WILL,
MUSS DEN
Mut HABEN, DEN
BODEN ZU VERLASSEN.

CHRISTIAN MORGENSTERN

FINDE DEINE

Stärke

UND GREIF
NACH DEN

Sternen.

Briefe SIND BOTSCHAFTEN DES HERZENS.

NINA SANDMANN

DU KANNST IM LEBEN ANDERER
ZU EINEM Engel
WERDEN.

ENGEL KÖNNEN *fliegen*, WEIL SIE SICH SELBST NICHT SO SCHWERNEHMEN.

AUS SCHOTTLAND

NIMM DIE WELT *ungezwungen* UND *leicht,* UND MÖGE SIE ES MIT DIR EBENSO TUN.

IRISCHER SEGENSWUNSCH

WER EINEN ENGEL

an seiner Seite

WEISS, KANN
SEINEN WEG OHNE
ANGST GEHEN.

FRIEDERIKE WEICHSELBAUMER

DEIN SCHUTZENGEL STEHT IMMER
hinter dir, UM DIR DEN WEG NACH VORNE
NICHT ZU VERSTELLEN.
YVONNE MÖLLEKEN

AUCH DIE *Pause* GEHÖRT ZUM RHYTHMUS.

STEFAN ZWEIG

VERLIER DICH NICHT IM
TRUBEL DES ALLTAGS.
NIMM DIR
Zeit für dich.

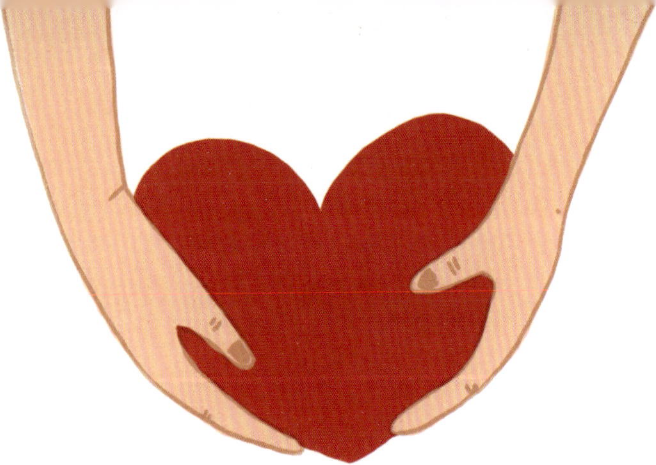

Engel
MÜSSEN KEINE FLÜGEL TRAGEN.

FRIEDERIKE WEICHSELBAUMER

Freunde

SIND WIE EIN PAAR
SCHÜTZENDE HÄNDE, DIE
DICH AUFFANGEN,
WENN DU FÄLLST.

PAUL HUFNAGEL

GIB DEM Kind in dir RAUM:
SEI EHRLICH, UNBESCHWERT
UND NEUGIERIG.

Abenteuer

SIND NICHT IMMER LEICHT
ZU BESTEHEN, ABER IM
NACHHINEIN SIND SIE
DIE INTERESSANTESTEN
ERINNERUNGEN!

YVONNE MÖLLEKEN

DAS *Lachen* IST EIN LEICHTES SILBERNES GLÖCKCHEN, DAS UNS EIN GUTER ENGEL MIT AUF DEN LEBENSWEG GEGEBEN HAT.

JOSEPH ROTH

DAS SCHÖNSTE,
WAS ES AUF DER
WELT GIBT, IST EIN

lachendes Gesicht.

ALBERT EINSTEIN

ICH WÜNSCHE DIR, DASS DEIN ENGEL
DICH IMMER WIEDER DORTHIN FÜHRT,
WO kleine Wunder
AUF DICH WARTEN.
IRMGARD ERATH

DIE WELT IST VOLLER

Wunder.

DU MUSST NUR DIE AUGEN
FÜR SIE ÖFFNEN.

WER EINEN
ENGEL ZUM
Freund
HAT, BRAUCHT
DIE GANZE
WELT NICHT ZU
FÜRCHTEN.

MARTIN LUTHER

HAB KEINE ANGST VOR
DEM STRAUCHELN. DEIN
SCHUTZENGEL IST DA UND
hilft dir auf,
WENN DU FÄLLST.

IN DER NATUR FÜHLEN
SICH DIE ENGEL *ganz nah* AN.

WENN DU DEINE
Augen für die **Natur**
ÖFFNEST, SO WIRST DU ERKENNEN,
DASS DIE SCHÖNHEIT DER MORGENRÖTE,
DER FALL EINER STERNSCHNUPPE
ODER DIE VIELFALT EINES REGENBOGENS
VON ENGELN BEEINFLUSST IST.

UNBEKANNT

EIN **schöner Traum** IST DAS GESCHENK EINES ENGELS.

JOHANNA RÜCKERT

DER ZUKUNFT SOLLTE MAN MIT *Freude* UND *Zuversicht* ENTGEGENTRETEN.

DAS LEBEN
MUSS NICHT
PERFEKT SEIN, UM
wundervoll
ZU SEIN.

UNBEKANNT

ES BRAUCHT DUNKLE UND
HELLE STEINE, UM DAS
MOSAIK DES LEBENS
ZU EINEM
Kunstwerk
ZU MACHEN.

ENGEL SEHEN NICHT
DIE ÄUSSERE GESTALT,
SONDERN DAS
Wesen der Dinge.

UNBEKANNT

VOR DEINEM ENGEL
BRAUCHST DU DICH NICHT
ZU VERSTELLEN. ER
versteht dich UND WEISS,
WIE DIR ZUMUTE IST.

BENEDIKT AMBACHER

IM SONNENSCHEIN
TANZEN, UNTER EINEM
STERNENZELT
TRÄUMEN, DAS LEBEN
LIEBEN, JEDEN TAG
GENIESSEN UND UNS VON
schönen Dingen
BERÜHREN LASSEN.

LISSY KLEE

ENGEL LEHREN UNS,
das Leben zu genießen
UND AUS JEDEM TAG
ETWAS GUTES ZU SCHÖPFEN.
FRANZISKA SIEGEL

Beweg dich zur Musik

UND SCHÜTTLE DEINE SORGEN AB.

MIT EINEM
ENGEL AN DEINER
SEITE IST DAS
LEBEN EIN
Tanz.

NINA SANDMANN

Ein treuer Freund

IST MEHR WERT ALS ALLE
SCHÄTZE DIESER WELT.

FLORENTINE GRAF

VON ALLEN GEFÄHRTEN,
DIE MICH BEGLEITEN, IST MIR KEINER
so treu geblieben
WIE DER SCHUTZENGEL.

CLEMENS BRENTANO

SCHLIESSE DIE AUGEN,
werde ganz leise,
SO KANNST DU IHN
SPÜREN – DEINEN
SCHUTZENGEL.

SPRICHWORT

WIR KÖNNEN DIE
ENGEL NICHT SEHEN,
ABER ES IST GENUG,
*dass sie
uns sehen.*

CHARLES HADDON
SPURGEON

DER GUTE ENGEL IST BEI ALLEN,
DIE DU LIEBST.
Er begleitet sie UND LÄSST SIE
GUT WIEDER HEIMKOMMEN.

JOHANNE BERNBACHER

MENSCHEN, DIE WIR LIEBEN,
SIND DIE
strahlendsten
Sterne
AM HIMMEL
UNSERES LEBENS.

YVONNE MÖLLEKEN

LASS UNS WAGEMUTIG UND ABENTEUERLUSTIG SEIN UND UNS AUF DAS FREUEN, WAS UNS DAS Leben BESCHERT.
LUCY MAUD MONTGOMERY

Trau dich!

DAS LEBEN
HAT DIR SO VIEL
ZU BIETEN.

DA IST IMMER EIN ENGEL, DER DIR EIN *kleines Licht sendet,* WENN ALLES UM DICH HERUM NUR NOCH DUNKEL UND SCHWER ERSCHEINT.

MARIA ROHMER

AUCH NACH DEM
SCHLIMMSTEN REGENSCHAUER
KOMMT IRGENDWANN
die Sonne
HERVOR.

DER HÄUFIGSTE
GLÜCKSBRINGER IST DER
Zufall.
ERHARD HORST
BELLERMANN

WENN DU GLAUBST, ES IST
ZUFALL, DANN HAT GARANTIERT
DEIN *Schutzengel*

DIE HAND IM SPIEL.

BERND WINKEL

HABEN WIR
UNS IM LEBEN
VERFAHREN,
BRINGT EIN
SCHUTZENGEL
UNS WIEDER
auf den richtigen Weg.

ANGELIKA EMMERT

HÖRE AUF DEIN Gefühl.
ES IST DEIN KOMPASS UND DEINE
ORIENTIERUNG.

EIN ENGEL SEI
VOR DIR, UM DIR DEN
rechten Weg ZU
ZEIGEN. EIN ENGEL
SEI NEBEN DIR, UM DICH
AN DER HAND ZU
NEHMEN UND DICH ZU
schützen.

IRISCHER SEGENSWUNSCH

WIE SCHÖN IST ES ZU
WISSEN, DASS EINER
FÜR MICH DA IST,
DER MICH IMMER
BEGLEITET UND
SCHÜTZEND
SEINE

Flügel

ÜBER MICH
BREITET!

PATRICE JEANCOURT

MIT EINEM EINZIGEN
FLÜGELSCHLAG KANN DEIN
ENGEL DIE RICHTUNG
DEINER SCHRITTE SO WENDEN,
DASS DU **dem Glück**
GERADEWEGS INS
GESICHT SCHAUST.

YVONNE MÖLLEKEN

DAS GLÜCK
KANN MAN VERDOPPELN,
INDEM MAN ES teilt.
SPRICHWORT

ALLE ENGEL SIND IN MENSCHLICHE GESTALT GEHÜLLTE GEFÜHLE DER

Liebe.

EMANUEL SWEDENBORG

Danke, DASS ES FÜR MICH EINEN ENGEL GIBT WIE DICH.

IRMGARD ERATH

DU ALLEIN BIST ES,
DER DEM ALLTAG
Flügel
VERLEIHEN KANN.

DAGMAR C. WALTER

DIE DINGE, DIE MAN LIEBT, SIND FÜR DAS LEBEN
WIE Streusel FÜR DEN
KUCHEN.

SOLANGE WIR LEBEN,
HABEN WIR JEDEN TAG
GELEGENHEITEN,

liebende Menschen

ZU SEIN UND SO ENGEL
FÜREINANDER ZU WERDEN.

OTTILIA MAAG

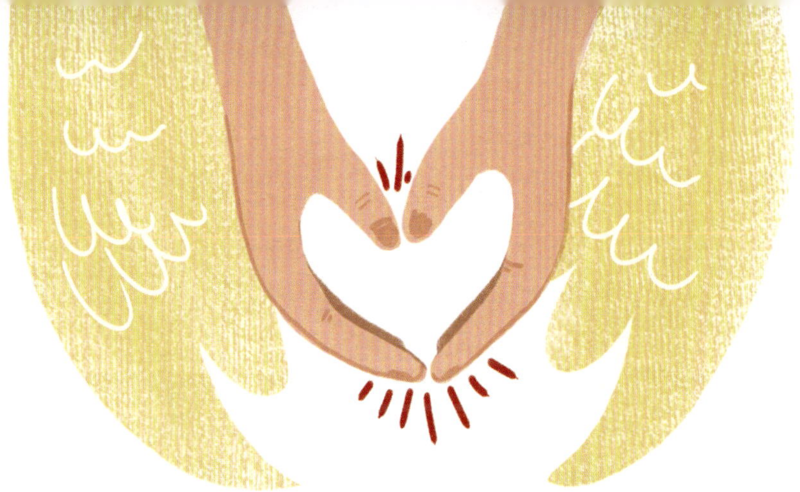

ALLE TAGE *etwas Gutes tun*
HEISST, ALLE TAGE GLÜCKLICH SEIN.

ELIZABETH SCHULER

JEDER SONNENSTRAHL
IST DER *Kuss*
EINES ENGELS.

JOHANNA RÜCKERT

AUF EINEM SONNENSTRAHL FINDEN

liebevolle Gedanken

DEN WEG ZU DIR.

RENATE KHAN BOLOKI

DEIN SCHUTZENGEL STEHT
DIR IN DEN STÜRMEN DES
LEBENS BEI UND HÄLT
EINEN REGENSCHIRM
schützend
über
dich.

MÖGE NACH JEDEM
GEWITTER EIN
Regenbogen
ÜBER DEINEM
HAUS STEHEN.

IRISCHER SEGENSWUNSCH

ENGEL SCHENKEN UNS
STERNE DER
Zuversicht.

ANGELIKA EMMERT

Ein Lächeln

IST DIE BEZAUBERNDSTE ART,
EINANDER KLEINE
SORGEN AUS DEM HERZEN
ZU VERTREIBEN.

IRMGARD ERATH

WENN UNS ENGEL ETWAS LEHREN,
DANN IST ES, IN ALLEM
einen guten Kern
ZU ENTDECKEN.

BENEDIKT AMBACHER

MANCHMAL
BRAUCHT ES EINEN
ZWEITEN BLICK, UM
wahre Schönheit
ZU ERKENNEN.

WAS DEIN SCHUTZENGEL SCHON LANGE WEISS, DU ABER NICHT IMMER ERKENNST:

Du bist wundervoll.

DAS LICHT KANN
DIE DIAMANTEN NUR
DESWEGEN ZUM
zauberhaften
Funkeln BRINGEN,
WEIL SIE SO VIELE ECKEN
UND KANTEN HABEN!

YVONNE MÖLLEKEN

AUCH WER UM DIE GANZE
WELT REIST, UM DAS SCHÖNE
ZU SUCHEN, FINDET ES NUR,
WENN ER ES
in sich trägt.

RALPH WALDO EMERSON

DEIN
SCHUTZENGEL
begleitet und
behütet dich,
WOHIN AUCH
IMMER DU GEHST.

SICH SELBST Zeit zu schenken
IST VIELLEICHT DIE SCHÖNSTE
LIEBESERKLÄRUNG
AN DAS LEBEN.
KIRSTEN SCHWERT

ABSCHALTEN. SICH ZEIT LASSEN.
DIE WELT VERGESSEN.
Glücklich sein.

JEREMY A. WHITE

FREUDEN, DIE MAN
ANDEREN MACHT,
strahlen
AUF UNS ZURÜCK.

ANNA RITTER

JEMANDEM

Gutes

WÜNSCHEN
HEISST: IHM EINEN
ENGEL SENDEN.

ANSELM FRIESER

NIMM HILFE AN.

Zusammen

IST ES LEICHTER,
BERGE ZU VERSETZEN.

DER WUNSCH UNSERES SCHUTZENGELS,
uns zu helfen, IST WEIT GRÖSSER ALS UNSER
WUNSCH, UNS VON IHM HELFEN ZU LASSEN.

DON BOSCO

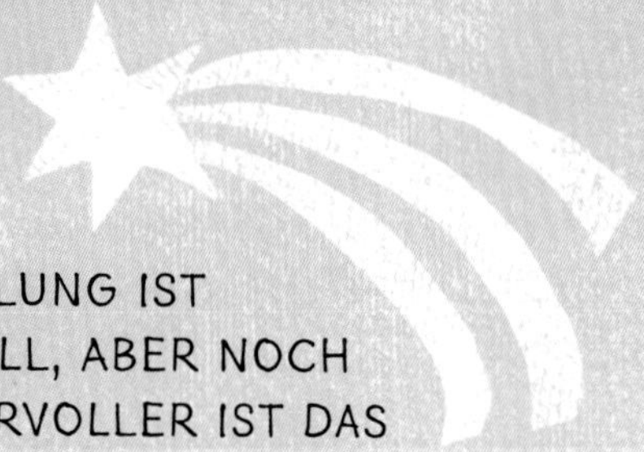

DIE VORSTELLUNG IST WUNDERVOLL, ABER NOCH WUNDERVOLLER IST DAS

Erlebnis.

OSCAR WILDE

MANCHE Träume
WERDEN NOCH SCHÖNER, WENN MAN
SIE WIRKLICHKEIT WERDEN LÄSST.

GEHT ES AUF UND
AB IM LEBEN, SIND
ENGEL UNSERE
besten
Reisebegleiter.

ANGELIKA EMMERT

DEIN SCHUTZENGEL HILFT DIR DABEI, DIE *Steine* VON DEINEM WEG ZU RÄUMEN.

ERHELLE DAS
MORGEN MIT DEM

Heute.

ELIZABETH BARRETT BROWNING

DIE ERINNERUNGEN SIND
GEPRESSTE BLUMEN IM
Buche unseres Lebens.
PETER SIRIUS

FREUNDE SIND WIE ENGEL,
DIE UNS AUF DIE BEINE HELFEN,
WENN UNSERE FLÜGEL
VERGESSEN HABEN,
wie man fliegt.

UNBEKANNT

DER FREUND IST EINER,
DER ALLES VON DIR WEISS,
UND DER DICH
trotzdem liebt.

ELBERT G. HUBBARD

ACHTE AUF DAS *Kleine*
IN DER WELT, DAS MACHT
DAS LEBEN REICHER UND
ZUFRIEDENER.

CARL HILTY

DIE SCHÖNHEIT DER WELT ZEIGT
SICH SCHON IN
den kleinen Dingen.

HAB VERTRAUEN

in dich selbst.

DU KANNST MEHR,
ALS DU DENKST.

EIN VOGEL HAT
NIEMALS ANGST
DAVOR, DASS DER AST
UNTER IHM BRICHT.
NICHT, WEIL ER DEM AST
VERTRAUT, SONDERN
seinen eigenen Flügeln.

UNBEKANNT

ERLEBE JEDEN

Augenblick.

Das Leben ist kurz.

BRICH DIE REGELN,
VERZEIHE SCHNELL,
KÜSSE LANGSAM,
LIEBE WAHRHAFTIG, LACHE
HEMMUNGSLOS UND BEDAUERE
NIEMALS ETWAS, DAS DICH ZUM
LÄCHELN GEBRACHT HAT.

MARK TWAIN

IN ZEITEN DER UNSICHERHEIT,
GIBT DIR DEIN Schutzengel HALT.

SCHUTZENGEL
SIND WIE EIN
doppelter
Boden.

NINA SANDMANN

SICH ANDEREN
zu öffnen,
KANN SEHR
BEFREIEND SEIN.

DER MUT,
seine Gefühle zu zeigen,
TRÄGT OFT ZUM
GLÜCKLICHSEIN BEI.

SONJA RECKNAGEL

DIE ERINNERUNG AN
GLÜCKLICHE MOMENTE
LÄSST DIE FREUDE
ewig blühen.
UNBEKANNT

AUS DER
VERGANGENHEIT
KANNST DU

Kraft für die Zukunft

SCHÖPFEN.

FINDE **Trost** IM GEDANKEN
AN DEINEN SCHUTZENGEL.

DIE *Hoffnung*

IST WIE EIN SONNENSTRAHL,
DER IN EIN TRAURIGES
HERZ DRINGT. ÖFFNE ES WEIT
UND LASS SIE HINEIN.

FRIEDRICH HEBBEL

ENGEL WERDEN im Herzen SICHTBAR.

ELFRIEDE ENGEL

Tue Gutes

UND VERFREUE DICH
AN DEM GLÜCK ANDERER.

MANCHMAL
MUSS MAN EINFACH
DIE GANZE WELT
umarmen.

AUFGABE DES LEBENS,
SEINE BESTIMMUNG IST
Freude. FREUE DICH
ÜBER DEN HIMMEL, ÜBER DIE
SONNE, ÜBER DIE STERNE,
ÜBER GRAS UND BÄUME, ÜBER
DIE TIERE UND DIE MENSCHEN.

LEO TOLSTOI

ERGREIFE DIE
Chancen,
DIE SICH DIR BIETEN.

ALLE **Träume**
KÖNNEN WAHR WERDEN,
WENN WIR DEN MUT
HABEN, IHNEN ZU FOLGEN.

UNBEKANNT

Freunde

SIND DIE

BESTEN TROSTPFLASTER.

JOHANNA RÜCKERT

ERSTE HILFE
GEGEN KUMMER:
DIE Umarmung
EINES LIEBEN MENSCHEN.

DEM *wahrhaft*
Neugierigen
ERSCHLIESST SICH
ALLES, WAS DAS LEBEN
ZU BIETEN HAT.

WILLIAM MORRIS DAVIS

WER ÜBER DEN
EIGENEN TELLERRAND
BLICKT, KANN
weiter sehen.

LASSE DICH LEBEN,

wie du bist,

OHNE KUNSTSTÜCKE MIT
DIR ZU PROBIEREN,
OHNE DICH ZWINGEN ZU
WOLLEN, DINGE ZU LIEBEN,
DIE DU NICHT LIEBST.

KAROLINE VON GÜNDERRODE

VERSTELL DICH NICHT FÜR
ANDERE, SONDERN BLEIBE
DIR SELBST treu.

ALLES IM LEBEN
HAT EINEN
Sinn.
IRGENDWANN
WIRST DU VERSTEHEN,
WELCHEN.

DAVID L. WANG

DER SINN UNSERES
LEBENS IST DER
Weg
UND NICHT
DAS ZIEL.

ARTHUR SCHNITZLER

HABE DEN MUT,

Neues zu entdecken

UND DIE VERTRAUTEN

PFADE ZU VERLASSEN.

DU SUCHST DIE SCHÖNSTE
FARBE FÜR DEIN LEBEN?
MALE DEIN LEBEN AM
BESTEN bunt.
PAUL HUFNAGEL

DU GLAUBST
NICHT, WAS
ein Wort
OFT BEWIRKEN KANN.

JOHANN WOLFGANG
VON GOETHE

DEIN SCHUTZENGEL
HILFT DIR, ZUR
RICHTIGEN ZEIT
die richtigen Worte
ZU FINDEN.

EIN WORT, EIN BLICK, EINE
GESTE KANN NEUE
*Hoffnung,
Geborgenheit und
Zuversicht*
AUSLÖSEN.

MARTIN BOGDAHN

NIMM DIR ZEIT FÜR ANDERE
UND hör ihnen zu.

WER ZUVERSICHTLICH IST,
DEM WACHSEN

Flügel.

JAMES MATTHEW BARRIE

AM ENDE
wird alles gut.
WENN ES NICHT GUT WIRD,
IST ES NOCH
NICHT DAS ENDE.
OSCAR WILDE

VERBRINGE DIE ZEIT
NICHT MIT DER SUCHE
NACH EINEM HINDERNIS.
VIELLEICHT IST

keines da.

FRANZ KAFKA

Grüble nicht ZU VIEL ÜBER DINGE NACH, DIE NOCH NICHT EINGETRETEN SIND.

ALLE HINDERNISSE UND
SCHWIERIGKEITEN SIND
STUFEN, AUF DENEN WIR
in die Höhe steigen.
FRIEDRICH NIETZSCHE

Wachse

AUS DEINEN PROBLEMEN.
DIE UNTERSTÜTZUNG
DEINES SCHUTZENGELS IST
DIR DABEI GEWISS.

DU BRAUCHST
NUR ZU
lieben
UND ALLES IST
FREUDE.

LEO TOLSTOI

GELIEBT ZU WERDEN
MACHT UNS
stark.
ZU LIEBEN MACHT UNS
mutig.

LAOZI

KOMMT IRGENDWO
EIN KIND ZUR WELT,
EIN ENGEL SICH DANEBEN STELLT
UND TAG FÜR TAG UND NACHT
FÜR NACHT EIN LEBEN
LANG ES NUN

bewacht.

UNBEKANNT

Engel
MÖGEN DICH
BEGLEITEN FÜR
HEUTE UND FÜR
ALLE ZEITEN.
LILLY BROWN

Textnachweis: Wir danken allen Autoren bzw. deren Erben, die uns freundlicherweise die Erlaubnis zum Abdruck von Texten erteilt haben.

Bildnachweis:
Illustrationen Cover und innen: Ulrike Halvax
Innenteil: S. 4: stock.adobe.com/Ju_see; S. 6: stock.adobe.com/Avocado_studio; S. 9: stock.adobe.com/Andrei Baryla; S. 12: stock.adobe.com/Alena Vilgelm; S. 17: stock.adobe.com/Li Ding; S. 21: stock.adobe.com/Jenny Sturm; S. 23: stock.adobe.com/martynanysk; S. 26: stock.adobe.com/jakkapan; S. 30: stock.adobe.com/kanbokeh; S. 34: Алексей Облов/Moment/Getty Images; S. 37: stock.adobe.com/nataba; S. 41: stock.adobe.com/Maya Kruchancova; S. 45: stock.adobe.com/missmimimina; S. 48: stock.adobe.com/maglara; S. 50: stock.adobe.com/tobiaswelschenbach; S. 54: stock.adobe.com/Bashkatov; S. 58: stock.adobe.com/Martin; S. 61: stock.adobe.com/respiro888; S. 65: stock.adobe.com/Gisela; S. 69: stock.adobe.com/Thomas von Stetten; S. 72: thethomsn/Moment/Getty Images; S. 74: stock.adobe.com/Goffkein; S. 78: stock.adobe.com/Sanga; S. 82: stock.adobe.com/nadyachertkova; S. 86: the_burtons/Moment/Getty Images; S. 89: stock.adobe.com/Axel Bueckert; S. 93: stock.adobe.com/arianarama; S. 97: stock.adobe.com/New Africa; S. 101: stock.adobe.com/Subodh; S. 103: Luca Dalla Vecchia/500px Prime/Getty Images; S. 106: stock.adobe.com/VRD; S. 110: stock.adobe.com/Vitalii; S. 114: stock.adobe.com/izzzy71; S. 118: stock.adobe.com/gitusik; S. 121: Prapat Aowsakorn/Shutterstock.com; S. 125: stock.adobe.com/Андрей К; S. 129: Elva Etienne/Moment/Getty Images; S. 133: stock.adobe.com/Maya Kruchancova; S. 135: stock.adobe.com/chartphoto; S. 138: Mario Widmer/EyeEm/Getty Images; S. 143: Marcel Mondocko/Shutterstock.com

Cover: Barbara Fuchs
Layout und Satz: Ulrike Halvax
Gesamtherstellung: Elma Printing & Finishing, Istanbul

Aus Verantwortung für die Umwelt hat sich die Verlagsgruppe Droemer Knaur zu einer nachhaltigen Buchproduktion verpflichtet. Der bewusste Umgang mit unseren Ressourcen, der Schutz unseres Klimas und der Natur gehören zu unseren obersten Unternehmenszielen. Gemeinsam mit unseren Partnern und Lieferanten setzen wir uns für eine klimaneutrale Buchproduktion ein, die den Erwerb von Klimazertifikaten zur Kompensation des CO2-Ausstoßes einschließt. Weitere Informationen finden Sie unter: www.klimaneutralerverlag.de

Mein kleines Schutzengelchen – Botschaften für jeden Tag
GTIN 978-3-8485-0231-8

www.geschenkverlage.de

FSC
www.fsc.org
100%
Aus vorbildlich bewirtschafteten Wäldern
FSC® C164814

1 2 3 4 5